Happy BIRTHDAY

Alles Gute!

arsEdition

Liebes Geburtstagskind,

vor dir liegt jetzt ein wunderbares neues Lebensjahr. In diesem Buch findest du kleine Glücksbotschaften für beinahe jede Lebenslage. Suche dir einfach eine Seite aus, schneide sie auf und erfreue dich an einer inspirierenden Botschaft, die dein Leben ein bisschen schöner macht.

Happy Birthday!

Öffne

diese Seite,

wenn du Geburtstag hast!

R T H D

Hurra, heute ist dein großer Tag.

ALLES GUTE ZUM GEBURTSTAG!

Auch wenn heute natürlich der allerbeste Tag ist, warten auch an allen anderen Tagen des Jahres kleine und große Glücksmomente auf dich. Versuche sie auch im Alltag bewusst wahrzunehmen. Als Erinnerung kannst du deine Glücksmomente auf kleine Zettel schreiben und in ein altes, leeres Marmeladenglas stecken. An deinem nächsten Geburtstag kannst du dann dein Glücksmomente-Glas zur Hand nehmen und in deinen schönsten Erinnerungen schwelgen.

Jeder schöne Tag hinterlässt
einen Abdruck im Herzen.

Öffne

diese Seite,

wenn du dir im neuen Lebensjahr
eine Portion Glück wünschst!

MÖGEN ALLE DEINE WÜNSCHE IN ERFÜLLUNG GEHEN!

Münzen in einen Brunnen werfen, Salz über die Türschwelle streuen, 1000 Papierkraniche falten, um Mitternacht vom Stuhl ins neue Jahr springen … Auf der ganzen Welt gibt es unzählige Rituale, die Glück bringen sollen. Such dir heute mal dein persönliches Ritual aus, wünsch dir was und freue dich auf ganz viel Glück im neuen Lebensjahr!

Öffne

diese Seite,

wenn du Farbe in deinen Alltag zaubern möchtest …

АРАХІСОВА ПАСТА
АРАХІСОВА ПАСТА

VERSCHEUCHE DAS ALLTAGSGRAU UND MACHE EIN REGENBOGEN-PICKNICK!

Das geht ganz einfach: Fülle einen Picknickkorb mit Köstlichkeiten in allen Farben des Regenbogens, zum Beispiel mit leckerem roten Erdbeerkuchen, orangefarbenem Saft, gelben Käsewürfeln, grünen Trauben, blauen Brombeeren und lila Feigen, und mache es dir draußen an einem schönen Ort gemütlich. An einem Regentag kannst du dein Picknick natürlich auch einfach ins Wohnzimmer verlegen, ein paar Kerzen anzünden und warme Getränke servieren.

Es kommt nicht darauf an, dem Leben mehr Jahre zu geben, sondern den Jahren mehr *Leben* zu geben.

ALEXIS CARREL

ZEIT, DIR ZEIT ZU NEHMEN!

Zeit für sich selbst zu finden, ist manchmal gar nicht so einfach. Dabei hast du es dir wirklich verdient! Plane deshalb ein Date mit dir selbst. Dafür kannst du dir einen ganzen Tag im Kalender blockieren – oder auch einfach nur eine Stunde. In dieser Zeit kannst du alles machen, was dir guttut – ein Buch lesen, ein heißes Schaumbad genießen oder einfach mal alleine einen Film im Kino anschauen.

Öffne

diese Seite,

wenn du dir etwas Gutes tun willst …

Öffne

diese Seite,

wenn du dir deinen Lieblingssong wünschst.

FOLGE DER MELODIE DEINES HERZENS ...

... und trommle alle Musiker:innen aus deinem Freundeskreis zusammen! Stelle Snacks bereit, ein paar Getränke kalt und verwandle dein Wohnzimmer ist einen Mini-Konzertsaal. Wenn du magst, kannst du natürlich auch selbst einen kleinen Auftritt hinlegen. Falls es in deinem Freundeskreis etwas an musikalischem Talent fehlt, könnt ihr natürlich auch wunderbar schief zusammen Karaoke singen! So oder so – Musik macht einfach glücklich und noch schöner ist es doch, sie mit anderen zu teilen.

Musik wäscht den Staub des Alltags von der Seele.

BERTHOLD AUERBACH

Öffne

diese Seite,

wenn du eine Herausforderung suchst!

MAN IST NIE ZU ALT, UM ETWAS NEUES ZU LERNEN!

Egal, ob Töpfern, Programmieren, Aquarell malen, Schwedisch sprechen oder Handstand machen ... gibt es etwas, was du schon immer mal ausprobieren oder lernen wolltest? Dann ist genau jetzt die beste Zeit dafür! Melde dich zu einem Kurs an oder bitte einen Freund, eine Freundin oder ein Familienmitglied darum, dir etwas beizubringen.

Öffne

diese Seite,

wenn du vom Sommer träumst …

Der Sommer macht
den Menschen zum Träumer.
PAUL KELLER

SOMMER, SONNE, SONNENSCHEIN ...

Leider lässt sich der Sommer manchmal ganz schön Zeit. Dann musst du dir einfach selbst die Sonne in dein Leben holen! Blättere durch Reisekataloge und schmiede Pläne für den nächsten Urlaub, wärme dich in der Sauna auf, schlürfe einen Sommer-Cocktail oder tanke bei einem Spaziergang ein bisschen Licht ... Und ehe du dich versiehst, ist die warme Jahreszeit auch schon wieder da!

Öffne

diese Seite,

wenn du dir mehr Klarheit wünschst ...

HEUTE GEHT'S HOCH HINAUS!

Im Trubel des Lebens sieht man manchmal den Wald vor lauter Bäumen nicht. Da kann es helfen, alles mal aus einer anderen Perspektive zu betrachten – zum Beispiel von ganz weit oben. Erklimme also den höchsten Gipfel in deiner Umgebung, fahre eine Runde mit dem Riesenrad oder blicke von der Kirchturmspitze auf deine Stadt hinab.

Öffne

diese Seite,

wenn du eine Pause brauchst …

EINATMEN. AUSATMEN. LÄCHELN.

Suche dir einen ruhigen Ort, an dem du ungestört bist. Setze dich mit geradem Rücken hin und mache es dir möglichst bequem. Schließe deine Augen und entspanne dein Gesicht und deine Schultern. Richte dein Gesicht zum Himmel und lass deinen Atem ruhig und gleichmäßig fließen. Wenn dir ungewollte Gedanken in den Kopf purzeln, lass sie einfach kommen und wieder gehen. Bleibe so lange ruhig atmend sitzen, bis du dich ruhig und entspannt fühlst. Öffne dann langsam wieder die Augen.

Manchmal ist das Wichtigste am ganzen Tag
die Pause, die wir zwischen
zwei tiefen Atemzügen machen.

ETTY HILLESUM

Öffne

diese Seite,

wenn du in Partystimmung bist!

EIN HOCH AUF DAS LEBEN!

Neben Geburtstagen gibt's noch viele weitere kleine und große Gründe, um zu feiern! Du musst auch nicht gleich eine große Party schmeißen. Ein Picknick im Grünen, ein Gläschen Sekt mit der besten Freundin oder zu deinem Lieblingslied durch die Küche tanzen ... feiere das Leben einfach auf deine Art und Weise!

Je mehr du dein Leben lobst und *feierst*, desto mehr gibt es in deinem Leben zu feiern.

OPRAH WINFREY

Öffne

diese Seite,

wenn dich die Reiselust packt!

DAS GUTE LIEGT SO NAH …

Du hast richtig Lust auf Urlaub, aber die nächste Reise lässt noch viel zu lange auf sich warten? Dann mache doch einfach mal Urlaub daheim! Selbst wenn du schon dein ganzes Leben oder seit vielen Jahren in derselben Region oder Stadt wohnst, gibt es immer noch viel zu entdecken – zum Beispiel eine Kunstausstellung, ein neues Restaurant oder die alte Burgruine, die du noch nie zuvor erkundet hast. Pack deine Kamera ein und los geht's! Du wirst sehen – wenn du offen und neugierig bist, nimmst du deine gewohnte Umgebung mit ganz neuen Augen wahr.

Öffne

diese Seite,

wenn du mal wieder Kind sein willst ...

LUST AUF EINE KLEINE REISE IN DIE VERGANGENHEIT?

Als Kind war jeder Tag ein kleines Abenteuer und die Welt steckte voller Wunder. Zeit also, mal wieder einen Tag wie in deiner Kindheit zu verbringen und im Schlafanzug Zeichentrickfilme zu schauen, Seifenblasen zu pusten oder auf dem Spielplatz so hoch zu schaukeln, bis die Zehen fast den Himmeln berühren. Was hat dich als Kind so richtig glücklich gemacht?

Man muss zeitlebens so sehen können,
wie man als Kind die Welt sah.

HENRI MATISSE

Öffne

diese Seite,

wenn du Lust auf eine prickelnde Überraschung hast ...

LASS DIE KORKEN KNALLEN!

Zaubere dir heute mal deinen eigenen Cocktail oder alkoholfreien Mocktail! Fühl dich glamourös wie in Sex and the City und mixe dir eine Cosmopolitan, träume dich mit einer Piña Colada in die Karibik oder genieße einen alkoholfreien, fruchtig-herben Shirley Temple. Die Möglichkeiten sind endlos und deiner Fantasie sind keine Grenzen gesetzt. Cheers!

Öffne

diese Seite,

wenn du nach den Sternen greifen willst ...

ZEIT FÜR EIN HIMMELSSPEKTAKEL!

Besuche ein Planetarium, suche am Nachthimmel Sternbilder oder lege dich nachts auf die Lauer, bis dir eine Sternschnuppe begegnet. Dort draußen warten unendliche Weiten auf dich. Herrlich, oder? Wenn du möchtest, kannst du auch natürlich auch gleich einen Wunsch ins Universum schicken.

Blicke oft zu den *Sternen* empor –
als wandelst du mit ihnen.

MARC AUREL

Öffne

diese Seite,

wenn du dich glücklich tanzen willst …

MANCHMAL HILFT NUR EINS: AUGEN ZU UND LOSTANZEN!

Dir fehlt noch der richtige Song? Dann probiere es doch mal mit diesen Gute-Laune-Songs und tanz dich einfach glücklich:

Happy-Songs-Playlist

On Top Of The World – Imagine Dragons
Feeling Good – Nina Simone
Tage wie diese – Die Toten Hosen
Wannabe – Spice Girls
Wouldn't It Be Nice – The Beach Boys
Die schönste Zeit – Bosse
I'm Still Standing – Elton John

Öffne

diese Seite,

wenn du lächeln willst …

BITTE LÄCHELN!

Schlecht gelaunt? Dann lächle doch einfach mal! Klingt vielleicht seltsam, funktioniert aber. Denn dein Gehirn kann beim Lächeln nicht unterscheiden, ob du wirklich glücklich bist oder nur so tust – es schüttet einfach Glückshormone aus. Wenn du gerade nichts zum Lachen hast, dann schau doch einfach ein niedliches Welpen-Video an, denke an den einen lustigen Moment aus dem letzten Sommerurlaub zurück oder erfreue dich an einem kleinen Witz. Zum Beispiel an diesem hier:

Zwei Zahnstocher laufen durch den Wald, da kommt ein Igel vorbei. Sagt der eine Zahnstocher zum anderen: »Wahnsinn, ich wusste gar nicht, dass hier auch ein Bus fährt!«

Öffne

diese Seite,

wenn du große Träume hast ...

WOVON TRÄUMST DU?

Jedes Lebensjahr bringt seine eigenen Wünsche und Träume mit sich. Damit du sie im Alltag nicht aus den Augen verlierst, kannst du ein Vision Board basteln. Auf diesem finden alle deine Ziele, Wünsche und Visionen Platz. Schneide oder drucke passende Bilder, Zitate und Schlagwörter aus Zeitschriften oder dem Internet aus und klebe sie auf einen großen Pappkarton. Hänge dein Vision Board dort auf, wo du es gut sehen kannst. Schau es dir nach einem Jahr nochmal an – was ist alles in Erfüllung gegangen?

Öffne

diese Seite,

wenn es draußen ungemütlich ist ...

DRAUSSEN REGNET ES BINDFÄDEN?

Das ist noch lange kein Grund für schlechte Laune! Auch bei Regen kann man so einiges erleben. Und im Zweifelsfall ist es drinnen umso gemütlicher, wenn der Regen gegen die Fensterscheiben prasselt.

Ideen für einen bunten Regentag:

Verbringe Zeit in der Therme

Veranstalte ein Tee-Party mit Freund*innen

Streife durch ein Museum

Backe deinen Lieblingskuchen

Löse ein Puzzle

Geh im Regen spazieren und genieße die Ruhe

Öffne

diese Seite,

wenn du etwas Wildes erleben willst ...

AUF ZUR WILDPARK-SAFARI!

Um wilde Tiere zu erleben, musst du nicht direkt auf einen anderen Kontinent fliegen. Auch in heimischen Gefilden gibt es einiges zu entdecken. Zum Beispiel im Wildtierpark. Einige Parks bieten auch Wildtierfütterungen oder Beobachtungstouren in der Dämmerung an, denn dann sind viele Tiere besonders aktiv. Bestimmt wirst du staunen, wie viele Überraschungen unsere heimische Wildnis so zu bieten hat!

Alle guten Dinge sind *wild* und frei.

HENRY DAVID THOREAU

Öffne

diese Seite,

wenn du von der Zukunft träumst …

LIEBE ZUKUNFT ...

Eine Zeitkapsel basteln und sie in die Zukunft schicken ... das geht auch in Brief- oder E-Mail-Form. Schreibe ein paar Worte an dein zukünftiges Ich – das geht natürlich als richtiger Brief, oder zum Beispiel als E-Mail über die Website FutureMe. Du kannst dir selbst Träume, Hoffnungen, Ratschläge oder Erinnerungen mit auf den Weg geben. Der Brief oder die E-Mail kann dann in einem Jahr von dir geöffnet werden – oder in fünf, zehn oder zwanzig – als kleiner Gruß aus der Vergangenheit.

Öffne

diese Seite,

wenn du etwas Mut brauchst …

MIT MUT FANGEN DIE SCHÖNSTEN GESCHICHTEN AN!

Gibt es etwas, was du schon lange machen willst, dich aber bisher noch nicht getraut hast? Keine Sorge, denn Mut kann man trainieren wie einen Muskel! Fange heute einfach mal klein an und taste dich langsam heran. Du musst nicht direkt mit dem Fallschirm aus dem Flugzeug springen. Vielleicht springst du stattdessen erstmal vom Ein-Meter-Brett im Schwimmbad. Schritt für Schritt wird so deine Komfortzone größer und du traust dir selbst immer mehr zu. Was kannst du heute wagen?

Beginne mit dem Notwendigen, dann tue das Mögliche – und plötzlich wirst du das *Unmögliche* tun.

FRANZ VON ASSISI

Öffne

diese Seite,

wenn du eine Portion gute Laune
gebrauchen kannst ...

SCHLECHTER TAG?

Da hilft nur ein kleiner, zuckersüßer Seelentröster!

1 Ei, 2 EL Zucker, 30 g geschmolzene Butter, ½ TL Vanillepaste, 1 EL Milch, 5 EL Mehl, ½ TL Backpulver, Zuckerstreusel

Schlage das Ei und den Zucker in einer Tasse mit einer Gabel kräftig auf. Rühre die geschmolzene Butter und alle weiteren Zutaten unter. Backe den Tassenkuchen bei 800 Watt für ca. 1,5 Minuten in der Mikrowelle. Teste, ob die Oberfläche fest ist und streue dann die Zuckerstreusel drüber. Genieße den Tassenkuchen warm. Fühl dich gedrückt!

Öffne

diese Seite,

wenn du einen genialen Einfall brauchst ...

DIR GEHEN DIE IDEEN AUS ODER DU GRÜBELST ÜBER EIN PROBLEM NACH?

Dann schwing dich in den Sattel!
Such dir ein schönes Ziel aus, packe ein Getränk und ein paar Leckereien ein und starte zu einer Radtour. Beim Fahrradfahren lässt es sich einfach am besten denken und was könnte schöner sein, als den Wind in den Haaren zu spüren, die Landschaft vorbeiziehen zu sehen und die Gedanken sprudeln zu lassen? Gute Laune und neue Ideen garantiert!

Alles, was die Seele durcheinander rüttelt, ist *Glück.*

ARTHUR SCHNITZLER

Öffne

diese Seite,

wenn du mal durchatmen musst …

KLEINE AUSZEIT VOM ALLTAG

Zeit in der Natur zu verbringen ist wie ein Zaubermittel gegen Stress und einfach gut für die Seele. Also nichts wie los in den Wald, an den See, in die Berge oder ans Meer und tiiiief durchatmen. Lass dein Handy in der Tasche und versuche deine Zeit stattdessen mit allen Sinnen zu genießen – was kannst du hören, riechen, sehen, fühlen und sogar schmecken?

Öffne

diese Seite,

wenn du die Langeweile vertreiben willst ...

DIR IST LANGWEILIG?

Dann probiere es doch mal mit folgenden Ideen ...

Kreiere eine eigene Eissorte

Gestalte deinen Balkon neu

Schreibe eine Postkarte an eine*n Freund*in

Streiche eine Wand in deiner Lieblingsfarbe

Recherchiere deine Familiengeschichte

Übernachte draußen – zum Beispiel auf einer Luftmatratze auf dem Balkon

Fordere jemanden zu einem Kartenspiel heraus

Öffne

diese Seite,

wenn du dein Glück teilen möchtest ...

VERTEILE GLÜCK WIE KONFETTI!

Andere glücklich zu machen, zaubert auch uns selbst ein Lächeln ins Gesicht. Mache deshalb heute mal einer anderen Person eine kleine oder große Freude. Spendiere jemandem einen Kaffee, mache der Postbotin oder dem Postboten ein Kompliment oder schreibe eine nette Nachricht auf eine Postkarte und wirf sie in einen fremden Briefkasten.

Wir können keine großen Dinge vollbringen – nur kleine, aber die mit großer Liebe.

MUTTER TERESA

Öffne

diese Seite,

wenn du die Welt ganz neu entdecken willst ...

DIE WELT ERKUNDET MAN AM BESTEN ZU FUSS!

Damit es dir beim Spazierengehen nicht langweilig wird, kannst du eine Themenwanderung machen. Die gibt's für jeden Geschmack online zu finden und zu unzähligen Themen wie Wildkräutern, Römer, Ritter oder Krimis. Sogar mit Alpakas kann man auf Wanderschaft gehen! Such dir einfach ein Thema aus und schnür die Wanderstiefel.

Öffne

diese Seite,

wenn du dich glücklich laufen willst …

ÜBERALL NUR SCHLECHTE NACHRICHTEN?

Dann findest du hier ein paar Fakten, die gute Laune machen:

Jedes Jahr wachsen Millionen von Bäumen, weil Eichhörnchen vergessen, wo sie ihre Nüsse vergraben haben.

Die Schottinnen und Schotten haben über 400 Wörter für Schnee.

Das Neujahrskonfetti am Times Square besteht aus tausenden kleinen Zetteln, auf denen Menschen ihre Wünsche und Träume notiert haben.

Otter halten Händchen, um einander nicht in der Strömung zu verlieren.

Öffne

diese Seite,

wenn du durch die Zeit reisen möchtest …

DAS LEBEN STECKT VOLLER WUNDERBARER MOMENTE.

Zu manchem würden wir am liebsten zurückreisen, um sie noch einmal zu erleben. Leider geht das nicht. Aber glücklicherweise gibt es eine ganz besondere Zeitmaschine: Fotoalben! Nimm dir heute mal Zeit und suche die schönsten Bilder des vergangenen Jahres oder deines letzten Urlaubs heraus, drucke sie aus und klebe sie in ein Fotoalbum. So kannst du einen kleinen Ausflug in die Vergangenheit unternehmen und dich noch einmal über die schönsten Momente freuen.

Ein Foto ist ein Rückfahrtticket zu einem schönen Moment.

Öffne

diese Seite,

wenn du dir eine Auszeit verdient hast …

DU MEISTERST DAS LEBEN MIT BRAVOUR UND HAST DIR EINE PAUSE VERDIENT!

Gönne dir deshalb mal einen gemütlichen Wellnessabend. Verwandle dein Badezimmer in eine kleine Wellnessoase – dimme das Licht, zünde Kerzen an, mache sanfte Musik an, stelle dein Lieblingsgetränk bereit und genieße ein Schaumbad oder eine lange, heiße Dusche. Tanke Energie für all die wunderbaren Dinge, die auf dich warten!

Nichts bringt uns auf unserem Weg besser voran als eine Pause.

ELIZABETH BARRETT BROWNING

Öffne

diese Seite,

wenn du in eine andere Welt abtauchen möchtest ...

LASS DICH HEUTE IN EINE ANDERE WELT ENTFÜHREN!

Kauf dir ein Kinoticket, fahr ins Autokino oder mache es dir einfach zu Hause bei einem Filmeabend gemütlich – natürlich inklusive Popcorn! Inspiration gefällig?

Diese Wohlfühl-Filme machen einfach glücklich:

Little Miss Sunshine

Ziemlich beste Freunde

La La Land

Das erstaunliche Leben des Walter Mitty

Oben

Mamma Mia!

Die zauberhafte Welt der Amélie

Öffne

diese Seite,

wenn du Lust auf ein kleines Abenteuer hast ...

LASS DEN ALLTAG HINTER DIR …

… und mache mal etwas, was du noch nie zuvor ausprobiert hast. Wie wäre es mit Stand-Up-Paddling, einem Outdoor-Kochkurs, Schwarzlicht-Minigolf, einer herausfordernden Wanderung durch die Berge oder einem kniffligen Escape Room? Das macht nicht nur Spaß, du wirst anschließend sicher auch mächtig stolz auf dich selbst sein!

Öffne

diese Seite,

wenn du heute nicht Geburtstag hast …

Nicht jeder Tag kann dein Geburtstag sein. Schade, oder? Doch das ist noch lange kein Grund zum Traurigsein: Feiere einfach mal Nicht-Geburtstag! Gönne dir ein großes Stück Kuchen, benutze dein schönstes Geschirr, verteile ein bisschen Konfetti, beschenke dich selbst und genieße deinen Tag – einfach nur so!

Schön, dass es dich gibt, liebes Nicht-Geburtstagskind!

Schreibe es in dein Herz,
dass *jeder Tag* der beste Tag des Jahres ist.

RALPH WALDO EMERSON

Öffne

diese Seite,

wenn du weitere Ideen sammeln möchtest.
Was macht dich darüber hinaus noch glücklich?

Noch mehr Glücklichmach-Momente

Bildnachweis:
Cover: Nataleana / Shutterstock.com, littleWhale / Shutterstock.com, noidec / Shutterstock.com
Motive Innenteil: S. 6: Bogdan Sonjachnyj / Shutterstock.com, S. 10: colormemari / Shutterstock.com, S. 14: Kateryna Hliznitsova / Unsplash, S. 18: Ground Picture / Shutterstock.com, S. 22: liliya Vantsura / Shutterstock.com, S. 26/27: Tiko Aramyan / Shutterstock.com, S. 30/31: Vera NewSib / Shutterstock.com, S. 34/35: iarecottonstudio / Shutterstock.com, S. 38: icemanphotos / Shutterstock.com, S. 42: Jakkapan / Shutterstock.com, S. 46: Zaitsava Olga / Shutterstock.com, S: 50: Lorna Roberts / Shutterstock.com, S. 54: Daxiao Productions / Shutterstock.com, S. 58/59: Kristi Blokhin / Shutterstock.com, S. 62: Jason Leung / Unsplash, S. 66: KANOWA / Shutterstock.com, S. 70: Maya Kruchankova, S. 74: Romolo Tavani / Shutterstock.com, S. 78: Hans Veth / Unsplash, S. 83/83: Monstar Studio / Shutterstock.com, S. 86: Ian Dooley / Unsplash, S. 90/91: Julie208 / Shutterstock.com, S. 94: Africa Studio / Shutterstock.com, S. 98/99: CRPIC / Shutterstock.com, S. 102/103: Rawpixel.com / Shutterstock.com, S. 106/107: ROMAN_P / Shutterstock.com, S. 110: Oxana Bazarova / Shutterstock.com, S. 114: Shebeko / Shutterstock.com, S. 118: Rirri P / Unsplash, S. 122: Katia Seniutina / Shutterstock.com, S. 126: Shaiith / Shutterstock.com, S. 130/131: Bogdan Khmelnytskyi / Shutterstock.com, S. 134: Diliana Nikolova / Shutterstock.com, Vignetten: TALVA / Shutterstock.com, Hintergrundstruktur: noidec / Shutterstock.com.

Gestaltung Cover: Grafisches Atelier, arsEdition GmbH
Innenlayout: Stefanie Wawer

ISBN 978-3-8458-5781-7

www.arsedition.de